Lilly And The Halloween Secret And Other Bilingual German-English Stories for Kids

Pomme Bilingual

Published by Pomme Bilingual, 2024.

While every precaution has been taken in the preparation of this book, the publisher assumes no responsibility for errors or omissions, or for damages resulting from the use of the information contained herein.

LILLY AND THE HALLOWEEN SECRET AND OTHER BILINGUAL GERMAN-ENGLISH STORIES FOR KIDS

First edition. September 13, 2024.

Copyright © 2024 Pomme Bilingual.

ISBN: 979-8227677860

Written by Pomme Bilingual.

Table of Contents

Das Geheimnis der Kürbislaterne

Es war die Nacht vor Halloween, und die kleine Stadt Falkenheim bereitete sich auf das größte Fest des Jahres vor. Kinder liefen aufgeregt durch die Straßen, trugen bunte Kostüme und hielten leuchtende Kürbislaternen in den Händen. Doch in diesem Jahr war etwas anders. Eine geheimnisvolle Kürbislaterne, die jeden Abend auf dem Marktplatz auftauchte, sorgte für Aufregung.

Lena und Max, zwei beste Freunde, waren neugierig. Sie wollten unbedingt herausfinden, wer hinter der leuchtenden Laterne steckte. „Vielleicht ist es ein Geist!", rief Max, als sie durch die Straßen liefen. „Oder eine Hexe!", fügte Lena mit einem Schauer hinzu. Die beiden beschlossen, dem Geheimnis auf die Spur zu kommen.

Am Abend vor Halloween schlichen sie sich heimlich zum Marktplatz, wo die Laterne wie immer in der Mitte stand. Ihr Licht flackerte unheimlich im Wind. „Sie sieht irgendwie lebendig aus", flüsterte Lena und hielt Max' Hand fester. Doch plötzlich ertönte ein seltsames Geräusch aus dem Schatten.

Max und Lena hielten den Atem an. „Wer ist da?", rief Max mutig, aber seine Stimme zitterte leicht. Keine Antwort. Stattdessen trat eine Gestalt aus den Schatten hervor – es war Frau Müller, die ältere Dame, die am Rande der Stadt wohnte.

„Oh, ihr seid es", sagte Frau Müller mit einem freundlichen Lächeln. „Ihr wollt sicher wissen, was es mit der Kürbislaterne auf sich hat." Lena und Max nickten eifrig. „Kommt mit, ich erzähle euch eine Geschichte", sagte sie und führte sie in ihr kleines Haus am Waldrand.

Drinnen war es gemütlich. Ein Feuer knisterte im Kamin, und Frau Müller holte eine alte Kiste hervor. „Vor vielen Jahren, als ich noch ein Kind war, gab es eine Legende in dieser Stadt", begann sie. „Es hieß, dass eine magische Kürbislaterne denjenigen erscheinen würde, die an das Gute glauben."

Lena und Max schauten sich an. „Und was passiert dann?", fragte Max aufgeregt. Frau Müller lächelte geheimnisvoll. „Die Laterne führt dich zu einem besonderen Ort, an dem Wünsche in Erfüllung gehen. Aber nur, wenn dein Herz rein ist."

Die Kinder waren fasziniert. „Und hast du sie je gesehen?", fragte Lena. Frau Müller nickte langsam. „Ja, einmal, als ich in eurem Alter war. Es war Halloween, genau wie heute, und die Laterne leuchtete heller als alle anderen. Sie führte mich in den Wald, zu einem versteckten Ort, an dem ich meinen größten Wunsch aussprechen durfte."

„Und was hast du dir gewünscht?", fragte Max neugierig. Frau Müller seufzte leise. „Ich habe mir gewünscht, dass meine Familie für immer glücklich bleibt. Und es wurde wahr."

Die Kinder waren beeindruckt, aber auch ein wenig skeptisch. „Und was hat das mit der Kürbislaterne auf dem Marktplatz zu tun?", fragte Lena. Frau Müller stand auf und nahm die Laterne von ihrem Regal. „Das ist sie", sagte sie leise. „Es ist dieselbe

Kürbislaterne, die ich damals gesehen habe. Jedes Jahr leuchtet sie an Halloween, um die Menschen daran zu erinnern, an das Gute zu glauben."

Lena und Max konnten es kaum glauben. „Können wir auch unseren Wunsch aussprechen?", fragte Max hoffnungsvoll. Frau Müller nickte. „Ja, aber denkt daran, eure Wünsche weise zu wählen. Die Laterne ist mächtig, aber sie erfüllt nur Wünsche, die von Herzen kommen."

Am nächsten Abend, als die Stadt das große Halloweenfest feierte, standen Lena und Max wieder vor der leuchtenden Laterne. Sie hielten inne, schlossen die Augen und sprachen ihre Wünsche leise aus. Niemand wusste, was sie sich wünschten, aber als sie die Augen öffneten, schien die Laterne heller zu strahlen als je zuvor.

„Glaubst du, es wird wahr?", flüsterte Lena. Max nickte. „Ja, ich glaube daran."

Und von diesem Tag an wussten Lena und Max, dass es manchmal die kleinen Wunder sind, die das Leben besonders machen – besonders an Halloween, wenn die geheimnisvolle Kürbislaterne ihre Magie entfaltet.

The Mystery of the Pumpkin Lantern

I t was the night before Halloween, and the small town of Falkenheim was getting ready for the biggest celebration of the year. Children ran excitedly through the streets, dressed in colorful costumes and holding glowing pumpkin lanterns in their hands. But this year, something was different. A mysterious pumpkin lantern that appeared every evening in the town square was causing quite a stir.

Lena and Max, two best friends, were curious. They were determined to find out who was behind the glowing lantern. "Maybe it's a ghost!" shouted Max as they ran through the streets. "Or a witch!" added Lena with a shiver. The two decided to uncover the mystery.

On the evening before Halloween, they secretly snuck into the town square, where the lantern, as always, stood in the middle. Its light flickered eerily in the wind. "It looks almost alive," Lena whispered, holding Max's hand tighter. But suddenly, a strange sound came from the shadows.

Max and Lena held their breath. "Who's there?" Max called out bravely, though his voice trembled a little. No answer. Instead, a figure emerged from the shadows – it was Mrs. Müller, the elderly lady who lived on the edge of town.

"Oh, it's you," said Mrs. Müller with a friendly smile. "I suppose you want to know the story behind the pumpkin lantern." Lena and Max eagerly nodded. "Come with me, and I'll tell you a tale," she said, leading them to her small house by the forest.

Inside, it was cozy. A fire crackled in the fireplace, and Mrs. Müller pulled out an old box. "Many years ago, when I was a child, there was a legend in this town," she began. "It was said that a magical pumpkin lantern would appear to those who believe in goodness."

Lena and Max looked at each other. "And what happens then?" Max asked excitedly. Mrs. Müller smiled mysteriously. "The lantern leads you to a special place where wishes come true. But only if your heart is pure."

The children were fascinated. "And did you ever see it?" Lena asked. Mrs. Müller nodded slowly. "Yes, once, when I was your age. It was Halloween, just like today, and the lantern shone brighter than all the others. It led me into the forest, to a hidden place where I could make my greatest wish."

"And what did you wish for?" Max asked curiously. Mrs. Müller sighed softly. "I wished for my family to always be happy. And it came true."

The children were impressed but also a bit skeptical. "And what does that have to do with the pumpkin lantern in the town square?" Lena asked. Mrs. Müller stood up and took the lantern from her shelf. "This is it," she said quietly. "It's the same pumpkin lantern I saw back then. Every year, it shines on Halloween to remind people to believe in goodness."

Lena and Max could hardly believe it. "Can we make our wish too?" Max asked hopefully. Mrs. Müller nodded. "Yes, but remember to choose your wishes wisely. The lantern is powerful, but it only grants wishes that come from the heart."

The next evening, as the town celebrated the big Halloween festival, Lena and Max stood once again in front of the glowing lantern. They paused, closed their eyes, and whispered their wishes softly. No one knew what they wished for, but when they opened their eyes, the lantern seemed to glow brighter than ever.

"Do you think it will come true?" Lena whispered. Max nodded. "Yes, I believe it will."

And from that day on, Lena and Max knew that sometimes it's the small wonders that make life special – especially on Halloween, when the mysterious pumpkin lantern works its magic.

Der verschwundene Hexenhut

Es war Halloween in der kleinen Stadt Herbstburg, und die Aufregung war überall spürbar. Kinder in bunten Kostümen rannten durch die Straßen, bereit, an den Türen der Nachbarn Süßigkeiten zu sammeln. Kürbisse mit fröhlich grinsenden Gesichtern standen auf den Treppen, und bunte Lichterketten hingen von den Bäumen. Doch in diesem Jahr gab es ein besonderes Rätsel, das alle in Atem hielt – der Hexenhut der alten Hexe Mirabella war spurlos verschwunden.

Lina und Jonas, zwei Geschwister, liebten Halloween. Sie hatten sich als Hexe und Zauberer verkleidet und freuten sich darauf, gemeinsam mit ihren Freunden von Haus zu Haus zu gehen. Doch bevor sie loszogen, hörten sie ein seltsames Geräusch in ihrem Garten. Es klang wie das Knarren eines alten Baumes, aber als sie nachsahen, war dort nichts zu sehen. „Das ist merkwürdig", flüsterte Jonas, während Lina ihm skeptisch folgte.

„Vielleicht ist es nur der Wind", meinte Lina, aber sie fühlte sich nicht ganz sicher. In der Ferne hörten sie das Lachen anderer Kinder, doch es schien, als wäre ihre eigene kleine Welt plötzlich still geworden. Auf einmal flog etwas Dunkles über ihren Köpfen hinweg – es sah aus wie ein Hexenhut!

„Hast du das gesehen?" rief Jonas aufgeregt. „Da war ein Hut, und er flog einfach so!" Lina nickte, ihre Augen weiteten sich. „Das muss Mirabellas Hexenhut sein!", rief sie. Die alte Hexe, die am Rande des Waldes lebte, war bekannt dafür, dass sie jedes Jahr mit einem großen, spitzen Hexenhut an der Halloween-Parade teilnahm. Doch ohne ihren Hut konnte sie nicht zaubern – und das war das größte Problem.

Die Geschwister beschlossen, dem Hut zu folgen. „Wir müssen ihn zurückbringen, sonst wird Mirabella ihre Zauberkräfte verlieren!", sagte Jonas entschlossen. Gemeinsam rannten sie dem fliegenden Hut hinterher, der sie immer tiefer in den Wald führte. Die Bäume schienen in der Dunkelheit größer und unheimlicher zu werden, und der Mond schien ihnen den Weg zu leuchten.

Nach einer Weile kamen sie an einen seltsamen Ort. Inmitten einer Lichtung stand eine alte, verfallene Hütte. Auf dem Dach der Hütte saß der Hexenhut, als hätte er auf sie gewartet. „Das ist komisch", flüsterte Lina, „warum ist er genau hier gelandet?" Doch bevor sie den Hut greifen konnten, hörten sie ein leises Kichern aus den Büschen.

„Wer ist da?" rief Jonas mutig, obwohl ihm das Herz bis zum Hals schlug. Aus den Büschen traten drei kleine, schelmisch grinsende Kobolde hervor. „Wir haben uns nur ein bisschen Spaß erlaubt", sagte der größte von ihnen und zwinkerte. „Der Hexenhut war so schön, wir wollten ihn uns ausleihen."

„Ihr müsst ihn zurückgeben", forderte Lina. „Ohne ihn kann Mirabella nicht zaubern, und Halloween wird für sie ruiniert sein!" Die Kobolde sahen sich an und schienen plötzlich ein wenig beschämt. „Wir wollten niemandem schaden", sagte der kleinste Kobold leise. „Wir dachten nur, es wäre lustig."

Jonas schüttelte den Kopf. „Halloween soll für alle Spaß machen, aber ihr habt etwas sehr Wichtiges gestohlen." Die Kobolde nickten und gaben den Hut widerwillig zurück. „Wir bringen ihn sofort zurück", sagte der größte Kobold. „Aber ihr müsst uns helfen."

„Wie können wir helfen?" fragte Lina neugierig. Die Kobolde erklärten, dass der Hut verzaubert war und nur zurückkehren würde, wenn jemand einen besonderen Spruch aufsagte. „Wir wissen, wie er geht, aber wir brauchen euch, um ihn auszusprechen."

Die Geschwister stimmten zu, und gemeinsam mit den Kobolden stellten sie sich um die Hütte. „Ihr müsst den Spruch gemeinsam aufsagen", erklärte der größte Kobold. „Aber ihr dürft nicht lachen oder euch ablenken lassen, sonst funktioniert der Zauber nicht."

„Bereit?" fragte Jonas. Lina nickte, und die Kobolde begannen, den seltsamen Spruch vorzusagen. „Flieg, flieg, kleiner Hut, zurück zu dem Ort, wo du hingehörst!". Es klang wie ein lustiges Lied, aber die Geschwister blieben ernst und sprachen den Spruch mit. Plötzlich begann der Hut zu leuchten, hob sich vom Dach der Hütte und flog in einem Bogen zurück in Richtung der Stadt.

„Es funktioniert!", rief Jonas begeistert. Die Kobolde jubelten, und Lina strahlte vor Freude. „Jetzt wird Mirabella ihren Hut zurückhaben!" Die Kobolde bedankten sich bei den Geschwistern und verschwanden rasch im Wald.

Lina und Jonas eilten zurück in die Stadt, und tatsächlich sahen sie Mirabella am Stadtrand stehen, ihren Hexenhut fest in den Händen. „Ihr habt meinen Hut gefunden!", rief sie mit einem dankbaren Lächeln. „Ich wusste, dass ich auf euch zählen kann."

Die Kinder erzählten ihr, was passiert war, und Mirabella lachte herzlich. „Kobolde haben ihren eigenen Kopf, aber am Ende wollen sie immer nur Spaß haben." Sie setzte sich den Hut auf und murmelte ein paar Worte, woraufhin funkelnde Sterne aus dem Hut flogen. „Halloween ist gerettet", sagte sie fröhlich, „dank euch beiden."

Lina und Jonas strahlten vor Stolz. Sie hatten ein Abenteuer erlebt und Halloween gerettet – und das nur, weil sie an das Gute geglaubt hatten.

The Missing Witch's Hat

It was Halloween in the small town of Herbstburg, and excitement was in the air. Children in colorful costumes ran through the streets, ready to collect candy from neighbors' doors. Pumpkins with smiling faces sat on doorsteps, and strings of colorful lights hung from trees. But this year, there was a special mystery that had everyone buzzing – old Mirabella's witch hat had disappeared without a trace.

Lina and Jonas, two siblings, loved Halloween. They had dressed up as a witch and wizard and were excited to go trick-or-treating with their friends. But before they could head out, they heard a strange noise in their garden. It sounded like the creaking of an old tree, but when they went to look, nothing was there. "That's strange," Jonas whispered, as Lina followed him cautiously.

"Maybe it's just the wind," Lina said, though she didn't feel entirely sure. In the distance, they heard the laughter of other children, but it felt as if their own little world had suddenly gone quiet. All of a sudden, something dark flew over their heads – it looked like a witch's hat!

"Did you see that?" Jonas shouted excitedly. "That was a hat, and it just flew!" Lina nodded, her eyes wide. "It must be Mirabella's witch hat!" she cried. The old witch, who lived on the edge of the forest, was known for wearing a large, pointed witch hat at the Halloween parade every year. But without her hat, she couldn't perform magic – and that was the biggest problem.

The siblings decided to follow the hat. "We have to get it back, or Mirabella will lose her magic powers!" Jonas said determinedly. Together, they ran after the flying hat, which led them deeper and deeper into the forest. The trees seemed to grow larger and more eerie in the darkness, and the moonlight lit their path.

After a while, they came to a strange place. In the middle of a clearing stood an old, crumbling cottage. Perched on the roof was the witch's hat, as if it had been waiting for them. "This is weird," Lina whispered. "Why did it land right here?" But before they could grab the hat, they heard a soft giggle from the bushes.

"Who's there?" Jonas called bravely, though his heart was racing. Out of the bushes stepped three mischievous-looking goblins. "We were just having a little fun," said the tallest one, winking. "The witch's hat was so nice, we wanted to borrow it."

"You have to give it back," Lina demanded. "Without it, Mirabella can't do magic, and Halloween will be ruined for her!" The goblins looked at each other and suddenly seemed a bit ashamed. "We didn't mean to cause any harm," said the smallest goblin softly. "We just thought it would be fun."

Jonas shook his head. "Halloween is supposed to be fun for everyone, but you took something very important." The goblins nodded and reluctantly handed the hat back. "We'll return it right away," said the tallest goblin. "But we need your help."

"How can we help?" Lina asked curiously. The goblins explained that the hat was enchanted and would only return if someone said a special spell. "We know the spell, but we need you to say it."

The siblings agreed, and along with the goblins, they stood around the cottage. "You must say the spell together," explained the tallest goblin. "But you can't laugh or get distracted, or the magic won't work."

"Ready?" Jonas asked. Lina nodded, and the goblins began to chant the strange spell. "Fly, fly, little hat, back to the place where you belong!" It sounded like a funny song, but the siblings stayed serious and recited the spell with them. Suddenly, the hat began to glow, lifted off the roof of the cottage, and flew in an arc back toward the town.

"It's working!" Jonas shouted excitedly. The goblins cheered, and Lina beamed with joy. "Now Mirabella will have her hat back!" The goblins thanked the siblings and quickly disappeared into the forest.

Lina and Jonas hurried back to the town, and sure enough, they saw Mirabella standing at the edge of the town, holding her witch's hat tightly in her hands. "You found my hat!" she called out with a grateful smile. "I knew I could count on you."

The children told her what had happened, and Mirabella laughed heartily. "Goblins have a mind of their own, but in the end, they only want to have fun." She placed the hat on her head and murmured a few words, causing sparkling stars to shoot out from the hat. "Halloween is saved," she said happily, "thanks to you both."

Lina and Jonas beamed with pride. They had gone on an adventure and saved Halloween – all because they believed in doing the right thing.

Die geheimnisvolle Kürbislaterne

Es war der Abend vor Halloween, und in dem kleinen Dorf Waldesruh bereitete sich jeder auf die große Halloween-Feier vor. Kinder huschten in ihren Kostümen durch die Straßen, während Erwachsene ihre Häuser mit gruseligen Dekorationen schmückten. Aber in diesem Jahr schien etwas anders zu sein. Eine seltsame Kürbislaterne tauchte plötzlich auf dem Dorfplatz auf, und niemand wusste, woher sie kam oder wer sie dort hingestellt hatte.

Lina und Tom, Geschwister und beste Freunde, waren neugierig. Sie liebten Rätsel, und die geheimnisvolle Kürbislaterne zog sie magisch an. Sie beschlossen, der Sache auf den Grund zu gehen. „Vielleicht ist es eine verzauberte Laterne", sagte Tom aufgeregt, während sie die Laterne von allen Seiten betrachteten. „Oder ein Fluch", fügte Lina hinzu und spürte ein leichtes Kribbeln im Bauch.

Die Kürbislaterne schien anders als die normalen Laternen, die sonst an Halloween aufgestellt wurden. Sie leuchtete in einem tiefen, warmen Orange und hatte ein Gesicht, das nicht fröhlich, sondern ernst und fast traurig wirkte. „Es sieht so aus, als ob die Laterne etwas sagen möchte", flüsterte Lina. Tom nickte und schob seine Brille zurecht. „Vielleicht müssen wir es herausfinden."

In der Nacht beschlossen die beiden, noch einmal zum Dorfplatz zurückzukehren, nachdem alle anderen bereits nach Hause gegangen waren. Der Mond stand hoch am Himmel, und das Dorf war in eine gespenstische Stille gehüllt. Die Laterne brannte immer noch, und ihr Licht flackerte im sanften Wind.

„Lass uns näher rangehen", schlug Tom vor. Lina zögerte einen Moment, dann gingen sie zusammen auf die Laterne zu. Als sie direkt vor ihr standen, geschah etwas Seltsames: Das Licht der Laterne wurde heller, und sie hörten eine leise, flüsternde Stimme.

„Wer... seid... ihr?", flüsterte die Laterne. Lina und Tom sprangen erschrocken zurück, doch ihre Neugier siegte über die Angst. „Ich bin Lina, und das ist mein Bruder Tom", antwortete Lina zaghaft. „Und wer bist du?", fügte Tom hinzu, immer noch erstaunt, dass eine Kürbislaterne sprechen konnte.

Die Laterne flackerte erneut. „Ich bin die Kürbislaterne des alten Friedhofs... Ich wurde vergessen... Niemand hat mich beachtet, und nun brauche ich eure Hilfe."

„Was für eine Hilfe?" fragte Lina mutig. Die Stimme der Laterne wurde stärker, als sie sprach. „Jedes Jahr werde ich zu Halloween aufgestellt, um die Geister zu leiten. Aber dieses Mal haben sie mich vergessen... und nun finden die Geister nicht ihren Weg."

Lina und Tom sahen sich an. „Die Geister?", flüsterte Tom. „Meinst du, sie kommen hierher?"

„Ja", antwortete die Laterne. „Wenn sie ihren Weg nicht finden, werden sie in der Welt der Lebenden bleiben... und das wird für niemanden gut sein."

Die Kinder waren alarmiert. Sie wollten nicht, dass das Dorf von Geistern heimgesucht wurde, die nicht in ihre Welt gehörten. „Was sollen wir tun?" fragte Lina entschlossen.

„Ihr müsst mich zum alten Friedhof bringen", erklärte die Laterne. „Dort muss ich brennen, damit die Geister den Weg zurückfinden."

Es war eine mutige Entscheidung, aber Lina und Tom wussten, dass sie helfen mussten. Sie nahmen die Laterne vorsichtig auf und machten sich auf den Weg zum alten Friedhof, der außerhalb des Dorfes lag. Der Pfad war dunkel und unheimlich, und der Wind heulte durch die Bäume. Doch sie ließen sich nicht aufhalten.

Am Friedhof angekommen, stellten sie die Kürbislaterne auf einen alten Stein, der einst als Grabmal gedient hatte. Die Laterne leuchtete plötzlich viel heller, und der ganze Friedhof wurde in ein sanftes, orangefarbenes Licht getaucht.

„Jetzt", sagte die Laterne leise, „werden die Geister ihren Weg nach Hause finden."

Lina und Tom warteten gespannt, und bald sahen sie, wie sich neblige Gestalten durch das Licht der Laterne bewegten. Es waren die Geister, die leise durch den Friedhof schwebten, geführt von dem warmen Licht der Kürbislaterne. Einer nach dem anderen verschwand, bis der Friedhof wieder still und leer war.

„Ihr habt es geschafft", flüsterte die Laterne. „Danke, dass ihr mir geholfen habt." Dann flackerte ihr Licht ein letztes Mal, und sie erlosch.

Lina und Tom sahen sich an, noch immer überrascht von dem, was sie gerade erlebt hatten. „Sollen wir sie mitnehmen?" fragte Tom leise. Lina schüttelte den Kopf. „Nein, sie gehört hierher. Ihre Arbeit ist getan."

Mit einem letzten Blick auf die Laterne machten sich die Geschwister auf den Heimweg, der jetzt viel weniger unheimlich wirkte. Sie wussten, dass sie etwas Besonderes erlebt hatten, und sie würden dieses Abenteuer niemals vergessen.

Am nächsten Tag war Halloween, und Lina und Tom erzählten niemandem von ihrem Erlebnis. Es war ihr Geheimnis, ein Geheimnis, das sie mit der geheimnisvollen Kürbislaterne des alten Friedhofs teilten.

The Mysterious Pumpkin Lantern

It was the evening before Halloween, and everyone in the small village of Waldesruh was preparing for the big Halloween celebration. Children dashed through the streets in their costumes, while adults decorated their houses with spooky ornaments. But this year, something felt different. A strange pumpkin lantern had suddenly appeared in the village square, and no one knew where it had come from or who had placed it there.

Lina and Tom, siblings and best friends, were curious. They loved mysteries, and the mysterious pumpkin lantern had a magnetic pull on them. They decided to get to the bottom of it. "Maybe it's an enchanted lantern," Tom said excitedly as they examined the lantern from all sides. "Or a curse," Lina added, feeling a slight tingle in her stomach.

The pumpkin lantern seemed different from the regular ones usually placed around for Halloween. It glowed with a deep, warm orange light, and its face didn't look cheerful but rather serious and almost sad. "It looks like the lantern wants to say something," Lina whispered. Tom nodded and adjusted his glasses. "Maybe we need to find out."

That night, the two decided to return to the village square after everyone else had gone home. The moon was high in the sky, and the village was shrouded in an eerie silence. The lantern was still burning, its light flickering in the gentle wind.

"Let's get closer," Tom suggested. Lina hesitated for a moment, then they approached the lantern together. As soon as they stood right in front of it, something strange happened: the lantern's light grew brighter, and they heard a faint, whispering voice.

"Who... are... you?" whispered the lantern. Lina and Tom jumped back in fright, but their curiosity overcame their fear. "I'm Lina, and this is my brother Tom," Lina answered hesitantly. "And who are you?" Tom added, still amazed that a pumpkin lantern could speak.

The lantern flickered again. "I am the pumpkin lantern of the old cemetery... I was forgotten... No one paid attention to me, and now I need your help."

"What kind of help?" Lina asked bravely. The lantern's voice grew stronger as it spoke. "Every year, I am placed to guide the spirits on Halloween. But this time, they forgot about me... and now the spirits can't find their way."

Lina and Tom exchanged glances. "The spirits?" Tom whispered. "Do you mean they come here?"

"Yes," replied the lantern. "If they don't find their way, they will stay in the world of the living... and that will be bad for everyone."

The children were alarmed. They didn't want the village to be haunted by spirits that didn't belong in their world. "What should we do?" Lina asked determinedly.

"You must take me to the old cemetery," the lantern explained. "I must burn there, so the spirits can find their way back."

It was a bold decision, but Lina and Tom knew they had to help. They carefully picked up the lantern and started their journey to the old cemetery, which lay outside the village. The path was dark and eerie, and the wind howled through the trees. But they pressed on.

When they reached the cemetery, they placed the pumpkin lantern on an old stone that had once served as a tombstone. The lantern suddenly glowed much brighter, and the entire cemetery was bathed in a gentle, orange light.

"Now," the lantern whispered softly, "the spirits will find their way home."

Lina and Tom waited anxiously, and soon they saw misty figures moving through the lantern's light. They were the spirits, silently drifting across the cemetery, guided by the warm glow of the pumpkin lantern. One by one, they disappeared until the cemetery was still and empty again.

"You did it," the lantern whispered. "Thank you for helping me." Then its light flickered one last time, and it went out.

Lina and Tom looked at each other, still surprised by what they had just experienced.

"Should we take it with us?" Tom asked quietly. Lina shook her head. "No, it belongs here. Its work is done."

With one last look at the lantern, the siblings headed home, the path now seeming much less scary. They knew they had experienced something special, and they would never forget this adventure.

The next day was Halloween, and Lina and Tom didn't tell anyone about what had happened. It was their secret, a secret they shared with the mysterious pumpkin lantern of the old cemetery.

Das Geheimnis des verlorenen Schattens

Es war der Abend vor Halloween, und das kleine Dorf im Wald war erfüllt von aufregenden Vorbereitungen. Überall sah man Kürbisse, gruselige Dekorationen und Kinder, die ihre Kostüme probierten. Doch in diesem Jahr war etwas anders. Tom und Marie, zwei neugierige Geschwister, bemerkten es sofort.

„Hast du gesehen, wie der Mond heute Abend aussieht?" fragte Marie, als sie aus dem Fenster ihres Zimmers schaute. Der Mond war groß und leuchtete in einem seltsamen blassen Blau. „Irgendetwas stimmt nicht," fügte sie hinzu. Tom, der sich als Vampir verkleiden wollte, zuckte mit den Schultern. „Es ist nur der Mond. Es ist Halloween! Da sieht alles ein bisschen gruseliger aus."

Doch Marie konnte das Gefühl nicht abschütteln, dass etwas Unheimliches vor sich ging. Später am Abend, als die Dunkelheit das Dorf völlig umhüllte, bemerkten die Kinder etwas Seltsames. Die Schatten, die normalerweise von den Straßenlaternen geworfen wurden, verhielten sich anders. Sie bewegten sich... eigenartig. Es war, als hätten sie ein Eigenleben.

„Tom, schau dir das an!" rief Marie aufgeregt. Tom kam ans Fenster und sah, wie die Schatten auf der Straße in seltsamen Mustern tanzten. „Das... das ist nicht normal," sagte er, und plötzlich war auch er beunruhigt.

„Lass uns rausgehen und nachsehen," schlug Marie vor. Obwohl Tom zögerte, folgte er seiner Schwester. Die Nachtluft war kühl, und der Mond warf lange, merkwürdig verformte Schatten auf die Straße. Die Geschwister gingen langsam durch die Straßen, und je weiter sie kamen, desto unheimlicher wurden die Schatten.

„Ich habe das Gefühl, dass uns etwas folgt," flüsterte Tom. Er schaute über seine Schulter, doch niemand war zu sehen – nur die Schatten, die um sie herum wirbelten.

Plötzlich tauchte vor ihnen ein besonders großer Schatten auf, der sich von den anderen abhob. Er schien fast menschlich zu sein, doch etwas stimmte nicht. „Das ist kein gewöhnlicher Schatten," sagte Marie leise. Der Schatten begann, sich auf die Kinder zuzubewegen, als ob er ihnen etwas mitteilen wollte.

„Hallo?" rief Tom mutig. „Wer bist du?"

Der Schatten hielt an, und eine leise, fast traurige Stimme antwortete: „Ich bin der verlorene Schatten. Ich habe meinen Besitzer verloren... und nun finde ich meinen Weg nicht mehr zurück."

Marie und Tom sahen sich überrascht an. „Einen verlorenen Schatten? Wie ist das möglich?" fragte Marie.

Der Schatten schwebte näher. „Vor vielen Jahren, an einem Halloween-Abend wie diesem, wurde ich von meinem Besitzer getrennt. Er war ein großer Zauberer, aber etwas ging schief, und seitdem bin ich allein, auf der Suche nach ihm."

„Ein Zauberer?" fragte Tom aufgeregt. „Wo ist er jetzt?"

Der Schatten schüttelte den Kopf, obwohl er keinen sichtbaren Kopf hatte. „Ich weiß es nicht. Aber ohne ihn werde ich für immer verloren sein."

Marie, die immer mitfühlend war, fühlte Mitleid mit dem verlorenen Schatten. „Vielleicht können wir dir helfen, deinen Besitzer zu finden," bot sie an.

„Aber wie?" fragte Tom skeptisch. „Wir wissen doch gar nichts über ihn."

Der Schatten flackerte kurz, als wäre er dankbar. „Es gibt einen Ort, an dem ich ihn zum letzten Mal gesehen habe. Es ist der alte Turm am Rande des Waldes. Dort müsst ihr suchen."

Marie und Tom wussten genau, welchen Turm der Schatten meinte. Es war ein verlassenes, halb verfallenes Gebäude, um das sich viele Gerüchte rankten. „Der alte Hexenturm," flüsterte Tom nervös.

Trotz ihrer Angst entschieden die Geschwister, dem Schatten zu helfen. Sie machten sich auf den Weg zum Turm, begleitet von dem verlorenen Schatten, der ihnen den Weg wies. Der Wald war dunkel und still, und der Weg schien länger als sonst.

Als sie den Turm erreichten, stand er schwarz und bedrohlich vor ihnen, vom Mondlicht nur schwach beleuchtet. „Hier ist es," sagte der Schatten. „Ich spüre, dass er in der Nähe ist."

Vorsichtig öffneten Marie und Tom die alte, knarrende Tür des Turms. Innen war es kalt und düster, und die Luft roch nach altem Staub und Magie. „Wo sollen wir anfangen zu suchen?" fragte Marie flüsternd.

Der Schatten schwebte zu einer alten Treppe. „Folgt mir."

Die Geschwister stiegen die enge Wendeltreppe hinauf, die in die Dunkelheit führte. Oben angekommen, fanden sie einen Raum, der einst die Kammer des Zauberers gewesen sein musste. Alte Bücher lagen verstreut, und auf einem großen Tisch stand ein verstaubter Zauberstab.

„Hier war er..." Der Schatten flackerte erneut. „Aber wo ist er jetzt?"

Plötzlich hörten sie eine Stimme, die von irgendwoher zu kommen schien. „Wer stört meine Ruhe?" Die Stimme war tief und klang alt, aber nicht böse.

„Wir... wir suchen den Besitzer dieses Schattens," sagte Marie tapfer.

Eine Gestalt trat aus der Dunkelheit hervor – es war der Zauberer, alt und gebeugt, aber noch immer voller Macht. „Meinen Schatten..." murmelte er. „Ich dachte, ich hätte ihn für immer verloren."

Der Schatten bewegte sich zögernd auf den Zauberer zu. „Ich habe dich so lange gesucht," flüsterte er.

Der Zauberer lächelte traurig. „Es war mein Fehler. An jenem Halloween habe ich einen mächtigen Zauber gewirkt, und dabei habe ich dich verloren. Es tut mir leid."

Mit einer sanften Geste streckte er die Hand aus, und der Schatten glitt zurück zu ihm, als wäre er wieder vollständig. „Danke, dass ihr meinen verlorenen Schatten zurückgebracht habt," sagte der Zauberer zu Marie und Tom. „Ohne euch wäre er für immer verloren gewesen."

Marie und Tom atmeten erleichtert auf. „Wir haben nur geholfen," sagte Tom bescheiden.

Der Zauberer nickte und hob seinen Zauberstab. „Als Dankeschön werde ich euch etwas schenken." Er murmelte ein paar Worte, und plötzlich leuchteten die Räume des alten Turms hell auf. „Ihr werdet immer in Sicherheit sein, wenn ihr euch in der Nähe dieses Waldes befindet."

Mit einem letzten Lächeln verschwand der Zauberer, und die Kinder standen wieder allein im Turm.

„Das war... unglaublich," sagte Marie, immer noch erstaunt von dem, was sie erlebt hatten. „Komm, lass uns nach Hause gehen."

Als sie den Wald verließen, fühlten sie sich sicher, denn sie wussten, dass sie etwas Besonderes vollbracht hatten. Und obwohl sie niemandem von ihrer Begegnung mit dem verlorenen Schatten und dem alten Zauberer erzählten, wussten sie, dass dieses Halloween für immer in ihrem Gedächtnis bleiben würde.

The Mystery of the Lost Shadow

It was the evening before Halloween, and the small village in the woods was filled with exciting preparations. Pumpkins, spooky decorations, and children trying on their costumes could be seen everywhere. But this year, something was different. Tom and Marie, two curious siblings, noticed it right away.

"Did you see how the moon looks tonight?" Marie asked as she looked out the window of her room. The moon was large and glowing in a strange pale blue. "Something isn't right," she added. Tom, who planned to dress up as a vampire, shrugged. "It's just the moon. It's Halloween! Everything looks a little scarier."

But Marie couldn't shake the feeling that something eerie was going on. Later that evening, when darkness completely enveloped the village, the children noticed something strange. The shadows cast by the streetlights were behaving differently. They moved... strangely. It was as if they had a life of their own.

"Tom, look at that!" Marie called excitedly. Tom came to the window and saw the shadows dancing in odd patterns on the street. "That's... not normal," he said, now feeling uneasy.

"Let's go outside and check it out," Marie suggested. Though Tom hesitated, he followed his sister. The night air was cool, and the moon cast long, oddly shaped shadows on the street. The siblings walked slowly through the streets, and the farther they went, the eerier the shadows became.

"I feel like something is following us," Tom whispered. He glanced over his shoulder, but no one was there – just the shadows swirling around them.

Suddenly, a particularly large shadow appeared in front of them, standing out from the rest. It almost looked human, but something was off. "That's no ordinary shadow," Marie said softly. The shadow began moving toward the children, as if it wanted to tell them something.

"Hello?" Tom called out bravely. "Who are you?"

The shadow stopped, and a soft, almost sad voice answered, "I am the lost shadow. I've lost my owner... and now I can't find my way back."

Marie and Tom looked at each other in surprise. "A lost shadow? How is that possible?" Marie asked.

The shadow floated closer. "Many years ago, on a Halloween night like this, I was separated from my owner. He was a great wizard, but something went wrong, and since then, I've been alone, searching for him."

"A wizard?" Tom asked excitedly. "Where is he now?"

The shadow shook its head, though it had no visible head. "I don't know. But without him, I'll be lost forever."

Marie, always compassionate, felt sorry for the lost shadow. "Maybe we can help you find your owner," she offered.

"But how?" Tom asked skeptically. "We don't know anything about him."

The shadow flickered briefly, as if thankful. "There's a place where I last saw him. It's the old tower on the edge of the forest. You must search there."

Marie and Tom knew exactly which tower the shadow meant. It was an abandoned, half-ruined building surrounded by many rumors. "The old witch's tower," Tom whispered nervously.

Despite their fear, the siblings decided to help the shadow. They set off for the tower, guided by the lost shadow. The forest was dark and still, and the path seemed longer than usual.

When they reached the tower, it stood tall and menacing, faintly illuminated by the moonlight. "This is the place," the shadow said. "I can feel that he's near."

Carefully, Marie and Tom opened the old, creaky door of the tower. Inside, it was cold and dim, and the air smelled of old dust and magic. "Where should we start looking?" Marie whispered.

The shadow floated to an old staircase. "Follow me."

The siblings climbed the narrow spiral staircase that led into the darkness. At the top, they found a room that must have once been the wizard's chamber. Old books were scattered around, and on a large table lay a dusty wand.

"He was here..." The shadow flickered again. "But where is he now?"

Suddenly, they heard a voice coming from somewhere. "Who disturbs my rest?" The voice was deep and sounded old, but not angry.

"We... we're looking for the owner of this shadow," Marie said bravely.

A figure emerged from the darkness – it was the wizard, old and bent, but still full of power. "My shadow..." he murmured. "I thought I had lost it forever."

The shadow hesitantly moved toward the wizard. "I've been searching for you for so long," it whispered.

The wizard smiled sadly. "It was my mistake. On that Halloween, I cast a powerful spell, and in doing so, I lost you. I'm sorry."

With a gentle gesture, he reached out his hand, and the shadow slipped back to him, as if they were whole again. "Thank you for bringing my lost shadow back," the wizard said to Marie and Tom. "Without you, it would have been lost forever."

Marie and Tom breathed a sigh of relief. "We just helped," Tom said modestly.

The wizard nodded and raised his wand. "As a thank you, I will give you a gift." He murmured a few words, and suddenly the rooms of the old tower lit up brightly. "You will always be safe when you're near this forest."

With a final smile, the wizard vanished, and the children were left alone in the tower.

"That was... incredible," Marie said, still amazed by what they had experienced. "Come on, let's go home."

As they left the forest, they felt safe, knowing they had accomplished something special. And though they never told anyone about their encounter with the lost shadow and the old wizard, they knew that this Halloween would remain in their memories forever.

Das Geheimnisvolle Halloween-Schloss

Es war der Abend vor Halloween, und in der kleinen Stadt Hohenberg lag eine geheimnisvolle Stimmung in der Luft. Die Bäume warfen lange Schatten, und der Wind trug das Rascheln der herabfallenden Blätter mit sich. Die Kinder hatten ihre Kürbislaternen geschnitzt und sich ihre Kostüme für den nächsten Tag zurechtgelegt.

Mia und Max, Geschwister im Alter von acht und zehn Jahren, konnten es kaum erwarten. Halloween war ihr Lieblingstag im Jahr. Max hatte sich als gruseliger Vampir verkleidet, und Mia trug ein Hexenkostüm mit einem großen schwarzen Hut. Doch dieses Jahr war etwas anders.

„Max, hast du von dem Schloss am Waldrand gehört?" fragte Mia aufgeregt, als sie gemeinsam durch die Straßen liefen. „Es soll verflucht sein!"

„Ach, das sind nur Geschichten," sagte Max und zuckte die Schultern. „Keiner weiß, ob das Schloss überhaupt existiert."

Mia blieb stehen und zeigte in die Ferne. „Aber ich habe gehört, dass dort in der Halloween-Nacht etwas Magisches passiert. Nur wer mutig genug ist, kann das Geheimnis des Schlosses lüften."

Max lachte. „Magie? Du glaubst doch nicht an sowas."

Mia verschränkte die Arme. „Was, wenn es wahr ist? Willst du es nicht herausfinden?“

Max dachte einen Moment nach. „Also gut, gehen wir zum Schloss und sehen, ob deine Geistergeschichten wahr sind.“

Die beiden Geschwister liefen den Hügel hinauf, der zur alten Burg am Waldrand führte. Die Erwachsenen hatten sie immer gewarnt, das Gebiet zu meiden, besonders bei Nacht, doch ihre Neugier war zu groß. Als sie den Wald betraten, wurde es stiller, und nur das Knirschen der Blätter unter ihren Füßen war zu hören.

„Bist du sicher, dass das eine gute Idee ist?“ fragte Mia und hielt sich enger an Max fest.

„Keine Sorge, es wird schon nichts passieren,“ sagte Max, obwohl auch er ein mulmiges Gefühl im Bauch hatte.

Bald erreichten sie das alte Schloss. Es war riesig, mit hohen Türmen und zerfallenen Mauern. Die Fenster waren dunkel, und das Tor stand halb offen, als ob es auf Besucher wartete.

„Das sieht wirklich gruselig aus,“ flüsterte Mia.

„Komm schon, wir wollten doch herausfinden, was hier los ist,“ antwortete Max, doch seine Stimme zitterte leicht. Sie gingen vorsichtig durch das Tor und fanden sich in einem großen Innenhof wieder.

Plötzlich hörten sie ein leises Kichern. Mia blieb stehen. „Hast du das gehört?“

Max nickte. „Ja, da ist jemand."

Sie folgten dem Geräusch, das aus einem der Türme zu kommen schien. Eine steinerne Treppe führte nach oben, und die Geschwister kletterten vorsichtig hinauf. Oben angekommen, entdeckten sie eine alte Holztür, die leicht geöffnet war.

„Sollen wir reingehen?" fragte Mia nervös.

Max nickte und schob die Tür vorsichtig auf. Zu ihrer Überraschung fanden sie keinen dunklen, gruseligen Raum, sondern einen hell erleuchteten Saal mit flackernden Kerzen und einem großen Tisch, der mit allerlei Leckereien gedeckt war. Doch niemand war zu sehen.

„Was ist das?" fragte Mia und ging vorsichtig näher an den Tisch heran.

Max schaute sich um. „Es sieht aus, als würde hier eine Feier stattfinden. Aber wo sind die Leute?"

Plötzlich tauchte vor ihnen eine Gestalt auf. Es war ein kleines Mädchen in einem alten, aber wunderschönen Kleid. „Willkommen im Schloss," sagte sie mit einem Lächeln. „Ich habe auf euch gewartet."

Mia und Max standen wie erstarrt. „Wer... wer bist du?" fragte Max schließlich.

„Ich bin Luisa," antwortete das Mädchen. „Und das ist mein Schloss. Zumindest war es das einmal."

„War?" fragte Mia verwirrt. „Wieso nicht mehr?"

Luisa seufzte. „Das Schloss ist verflucht. Vor vielen Jahren, in einer Halloween-Nacht, hat ein böser Zauberer einen Fluch über mein Zuhause gelegt. Seitdem bin ich hier gefangen und kann nur an Halloween erscheinen."

„Und was hat das mit uns zu tun?" fragte Max.

„Ihr seid die Ersten, die seit langem den Mut hatten, hierher zu kommen," erklärte Luisa. „Und nur Kinder, die an Magie glauben, können den Fluch brechen."

Mia sah Max an. „Ich habe dir doch gesagt, dass hier Magie im Spiel ist!"

Max schüttelte den Kopf. „Aber wie sollen wir den Fluch brechen?"

Luisa lächelte. „Es gibt einen Weg. Ihr müsst drei Aufgaben lösen, um den Zauber zu brechen. Aber seid vorsichtig, der Zauberer könnte versuchen, euch aufzuhalten."

„Wir werden es schaffen!" sagte Mia entschlossen.

Die erste Aufgabe erschien auf einer alten Pergamentrolle, die plötzlich auf dem Tisch lag. Findet das verlorene Licht des Schlosses und bringt es zurück.

„Was könnte das bedeuten?" fragte Max.

„Das Licht des Schlosses ist die Laterne, die den Weg in die Freiheit zeigt," erklärte Luisa. „Aber sie ist tief im Wald versteckt."

Mia und Max zogen ihre Taschenlampen heraus und machten sich auf den Weg in den dunklen Wald. Die Bäume schienen sich im Wind zu bewegen, als ob sie lebendig wären. Nach einer Weile entdeckten sie eine kleine Lichtung, in deren Mitte eine alte Laterne stand.

„Da ist es!" rief Mia und eilte darauf zu.

Doch bevor sie die Laterne erreichen konnten, erschien eine dunkle Gestalt. „Ihr werdet die Laterne nicht bekommen!" rief die Gestalt mit tiefer Stimme.

„Wer bist du?" fragte Max mutig.

„Ich bin der Hüter des Fluchs," antwortete die Gestalt. „Und ich werde alles tun, um zu verhindern, dass ihr den Zauber brecht."

Mia und Max zogen sich kurz zurück, doch dann fasste sich Mia ein Herz. „Wir lassen uns nicht aufhalten!" rief sie und lief auf die Laterne zu. Max folgte ihr, und gemeinsam griffen sie nach der Laterne.

Die dunkle Gestalt schrie auf, doch in dem Moment, als Mia und Max die Laterne ergriffen, verschwand sie. Das Licht der Laterne erstrahlte hell, und der Weg zurück zum Schloss wurde von einem warmen Schein erhellt.

Zurück im Saal wartete Luisa bereits auf sie. „Ihr habt das Licht gefunden! Jetzt müsst ihr die zweite Aufgabe lösen."

Die zweite Aufgabe erschien auf der Pergamentrolle: Befreit den Wind, der im Schloss gefangen ist.

„Wie sollen wir den Wind befreien?" fragte Max.

„Im Keller des Schlosses gibt es eine geheime Kammer," erklärte Luisa. „Dort wird der Wind festgehalten."

Die Geschwister gingen in den dunklen Keller hinab. Es war kühl und feucht, und die alten Mauern schienen die Dunkelheit zu schlucken. Nach einer Weile entdeckten sie eine kleine Holztür, die in die Kammer führte.

Als sie die Tür öffneten, spürten sie sofort einen kalten Luftzug. In der Mitte des Raumes stand eine alte Truhe, und als sie sie öffneten, entwich ein starker Windstoß, der sich durch das Schloss bewegte und die alten Fensterläden klappern ließ.

„Der Wind ist frei!" rief Mia und lächelte.

Als sie zurück in den Saal kamen, strahlte Luisa vor Freude. „Ihr habt den Wind befreit! Nun bleibt nur noch eine letzte Aufgabe."

Die dritte Aufgabe erschien auf der Pergamentrolle: Finde den Schlüssel, der die Zeit zurückdreht.

„Der Schlüssel zur Freiheit liegt im höchsten Turm des Schlosses," sagte Luisa. „Aber der Weg dorthin ist gefährlich."

Mia und Max kletterten die steile Treppe des höchsten Turms hinauf. Der Wind pfiff durch die Ritzen der alten Mauern, und das Schloss schien zu ächzen und zu stöhnen. Oben angekommen, fanden sie eine kleine Truhe, die fest verschlossen war.

„Das muss der Schlüssel sein," sagte Max und versuchte, die Truhe zu öffnen. Doch sie rührte sich nicht.

„Vielleicht müssen wir den richtigen Zauberspruch finden," überlegte Mia.

Plötzlich erschien vor ihnen eine schimmernde Schrift an der Wand. Nur die, die an Magie glauben, können den Schlüssel zur Freiheit finden.

„Ich glaube an Magie," sagte Mia leise und legte ihre Hand auf die Truhe. Langsam begann sie sich zu öffnen, und darin lag ein kleiner, glänzender Schlüssel.

„Wir haben ihn!" rief Max, und die Geschwister rannten zurück zu Luisa.

Als sie ihr den Schlüssel übergaben, begann das Schloss um sie herum zu leuchten. Die Mauern erstrahlten in neuem Glanz, und Luisa lächelte dankbar. „Ihr habt es geschafft! Der Fluch ist gebrochen!"

Mit einem letzten Strahlen verschwand Luisa, und die Geschwister standen allein im Saal. Doch sie wussten, dass sie etwas Besonderes erlebt hatten.

Als sie das Schloss verließen, schien der Mond heller als je zuvor, und der Wind trug ein sanftes Flüstern von alten Geschichten mit sich. Mia und Max wussten, dass sie dieses Halloween niemals vergessen würden.

The Mysterious Halloween Castle

It was the night before Halloween, and there was a mysterious feeling in the air of the small town of Hohenberg. The trees cast long shadows, and the wind carried the rustling of fallen leaves. The children had carved their pumpkin lanterns and prepared their costumes for the next day.

Mia and Max, siblings aged eight and ten, couldn't wait. Halloween was their favorite day of the year. Max was dressed as a spooky vampire, and Mia wore a witch's costume with a large black hat. But this year was different.

"Max, have you heard about the castle at the edge of the woods?" Mia asked excitedly as they walked through the streets. "It's supposed to be cursed!"

"That's just stories," Max shrugged. "No one even knows if the castle really exists."

Mia stopped and pointed into the distance. "But I've heard that something magical happens there on Halloween night. Only those brave enough can uncover the castle's secret."

Max laughed. "Magic? You don't really believe that, do you?"

Mia crossed her arms. "What if it's true? Don't you want to find out?"

Max thought for a moment. "Alright, let's go to the castle and see if your ghost stories are real."

The two siblings ran up the hill toward the old castle at the edge of the woods. The adults had always warned them to avoid the area, especially at night, but their curiosity was too strong. As they entered the forest, it grew quieter, and only the crunching of leaves under their feet was heard.

"Are you sure this is a good idea?" Mia asked, holding onto Max more tightly.

"Don't worry, nothing will happen," Max said, though he too felt a bit uneasy.

Soon they reached the old castle. It was massive, with tall towers and crumbling walls. The windows were dark, and the gate was half-open, as if waiting for visitors.

"This really does look creepy," Mia whispered.

"Come on, we wanted to find out what's going on here," Max replied, though his voice trembled slightly. They cautiously walked through the gate and found themselves in a large courtyard.

Suddenly, they heard a faint giggle. Mia stopped. "Did you hear that?"

Max nodded. "Yes, someone's here."

They followed the sound, which seemed to be coming from one of the towers. A stone staircase led upwards, and the siblings climbed carefully.

At the top, they found an old wooden door slightly ajar.

"Shall we go in?" Mia asked nervously.

Max nodded and pushed the door open. To their surprise, they didn't find a dark, creepy room but a brightly lit hall with flickering candles and a large table set with all sorts of treats. Yet, no one was in sight.

"What's this?" Mia asked, approaching the table cautiously.

Max looked around. "It looks like a party is happening here. But where is everyone?"

Suddenly, a figure appeared before them. It was a little girl in an old but beautiful dress. "Welcome to the castle," she said with a smile. "I've been waiting for you."

Mia and Max stared, wide-eyed. "Who... who are you?" Max finally asked.

"I'm Luisa," the girl replied. "And this is my castle. Or at least, it used to be."

"Used to be?" Mia asked, confused. "Why not anymore?"

Luisa sighed. "The castle is cursed. Many years ago, on a Halloween night, an evil sorcerer cast a spell over my home. Since then, I've been trapped here and can only appear on Halloween."

"And what does that have to do with us?" Max asked.

"You are the first to have had the courage to come here in a long time," Luisa explained. "And only children who believe in magic can break the curse."

Mia looked at Max. "I told you there was magic involved!"

Max shook his head. "But how are we supposed to break the curse?"

Luisa smiled. "There is a way. You must complete three tasks to break the spell. But be careful, the sorcerer might try to stop you."

"We can do it!" Mia said determinedly.

The first task appeared on an old parchment scroll that suddenly lay on the table. Find the Lost Light of the Castle and bring it back.

"What could that mean?" Max wondered.

"The Light of the Castle is the lantern that shows the way to freedom," Luisa explained. "But it's hidden deep in the forest."

Mia and Max took out their flashlights and ventured into the dark woods. The trees seemed to move in the wind as if alive. After a while, they found a small clearing with an old lantern in the center.

"There it is!" Mia shouted and rushed toward it.

But before they could reach the lantern, a dark figure appeared. "You will not get the lantern!" the figure shouted in a deep voice.

"Who are you?" Max asked bravely.

"I am the Guardian of the Curse," the figure replied. "And I will do everything to prevent you from breaking the spell."

Mia and Max stepped back briefly, but then Mia gathered her courage. "We won't be stopped!" she shouted and ran toward the lantern. Max followed, and together they reached for the lantern.

The dark figure screamed, but at the moment Mia and Max grabbed the lantern, it vanished. The lantern's light shone brightly, illuminating the path back to the castle.

Back in the hall, Luisa was already waiting for them. "You found the light! Now you must complete the second task."

The second task appeared on the parchment: Free the Wind that is Trapped in the Castle.

"How are we supposed to free the wind?" Max asked.

"In the castle's cellar is a secret chamber," Luisa explained. "That's where the wind is held."

The siblings descended into the dark cellar. It was cool and damp, and the old walls seemed to absorb the darkness. After a while, they discovered a small wooden door leading into the chamber.

When they opened the door, they immediately felt a cold draft. In the center of the room stood an old chest, and when they opened it, a strong gust of wind burst out, swirling through the castle and making the old shutters clatter.

"The wind is free!" Mia exclaimed, watching as the gusts danced around them.

Back in the hall, Luisa beamed with joy. "You freed the wind! Now only one last task remains."

The third task appeared on the parchment: Find the Key that Turns Back Time.

"The key to freedom is in the highest tower of the castle," Luisa said. "But the path there is dangerous."

Mia and Max climbed the steep stairs of the highest tower. The wind howled through the cracks in the old walls, and the castle seemed to creak and groan. At the top, they found a small chest, tightly locked.

"This must be the key," Max said and tried to open the chest. But it wouldn't budge.

"Maybe we need to find the right spell," Mia suggested.

Suddenly, shimmering writing appeared on the wall. Only those who believe in magic can find the key to freedom.

"I believe in magic," Mia said softly and placed her hand on the chest. Slowly, it began to open, revealing a small, shiny key inside.

"We got it!" Max exclaimed, and the siblings hurried back to Luisa.

When they handed her the key, the castle around them began to glow. The walls sparkled anew, and Luisa smiled gratefully. "You've done it! The curse is broken!"

With one final burst of light, Luisa vanished, and the siblings were left alone in the hall. But they knew they had experienced something truly special.

As they left the castle, the moon shone brighter than ever, and the wind carried a soft whisper of old stories. Mia and Max knew that this Halloween would forever remain in their hearts – the night they discovered magic.

Lilly und das Halloween-Geheimnis

Es war der letzte Oktobertag, und in der kleinen Stadt Eichenhain war Halloween in vollem Gange. Die Straßen waren geschmückt mit leuchtenden Kürbissen, die in den Fenstern standen, und die Kinder liefen in fantasievollen Kostümen umher. Die Luft war kühl und duftete nach frischem Laub und gebackenem Kürbis.

Lilly, ein neugieriges Mädchen mit roten Zöpfen und einem strahlenden Lächeln, war ganz aufgeregt. In diesem Jahr wollte sie ein besonderes Halloween-Abenteuer erleben. Ihr bester Freund Jonas, der sich als Pirat verkleidet hatte, begleitete sie. Zusammen standen sie vor dem großen, alten Haus am Ende der Straße, das schon lange leer stand und von den Kindern der Stadt nur aus sicherer Entfernung betrachtet wurde.

„Siehst du das, Lilly?" fragte Jonas und deutete auf das verlassene Haus. „Die Erwachsenen sagen, es spukt dort. Vielleicht finden wir heraus, ob es wirklich so ist!"

Lilly kicherte. „Das klingt nach einem spannenden Abenteuer! Aber wir sollten uns vorher noch etwas stärken. Ich habe ein paar Muffins dabei, die meine Mama gebacken hat."

Sie setzten sich auf die Treppe vor dem alten Haus und aßen ihre Muffins. Während sie aßen, erzählte Jonas Geschichten von Geistern und Schatzkarten, die in geheimen Kammern versteckt sind.

„Ich habe gehört, dass in diesem Haus ein Geheimnis verborgen ist“, sagte Lilly nachdenklich. „Vielleicht gibt es einen versteckten Schatz oder eine geheime Botschaft, die nur an Halloween sichtbar wird.“

„Das wäre wirklich cool!“ stimmte Jonas zu. „Aber wie kommen wir in das Haus? Die Tür sieht ziemlich fest verschlossen aus.“

Lilly schaute sich um und entdeckte einen kleinen Schlüssel, der in der Nähe der Tür auf dem Boden lag. „Sieh mal, Jonas, was ich gefunden habe!“

„Woher denkst du, kommt der Schlüssel?“ fragte Jonas erstaunt.

„Vielleicht ist es ein Hinweis“, sagte Lilly und steckte den Schlüssel ein. „Lass uns herausfinden, was er öffnet.“

Mit klopfendem Herzen näherten sie sich der alten Tür. Lilly steckte den Schlüssel ins Schloss und drehte ihn langsam um. Das Schloss klickte leise, und die Tür öffnete sich mit einem knarrenden Geräusch.

„Wow, es riecht hier wirklich alt und staubig“, bemerkte Jonas, als sie das Haus betraten.

Das Innere des Hauses war genauso, wie sie es sich vorgestellt hatten – staubige Möbel, alte Bilder an den Wänden und ein großer, verstaubter Kronleuchter, der von der Decke hing. Auf einem Tisch lag ein altes Buch mit einem goldenen Einband.

„Sieh dir das an“, sagte Lilly und zeigte auf das Buch. „Vielleicht ist das ein weiteres Geheimnis.“

Sie öffnete das Buch und fand eine Karte und einige mysteriöse Notizen. Auf der Karte war das Haus eingezeichnet, und ein rotes Kreuz markierte einen bestimmten Ort im Garten.

„Das sieht aus wie eine Schatzkarte", sagte Jonas begeistert. „Was meinst du, sollten wir den Ort suchen, der auf der Karte markiert ist?"

„Natürlich", antwortete Lilly entschlossen. „Das könnte der Schlüssel zu dem Geheimnis sein."

Sie verließen das Haus und gingen in den Garten, der mit Laub bedeckt war. Auf der Karte führte der Weg zu einer alten Eiche, die am Rand des Gartens stand.

„Das muss die Eiche sein", sagte Lilly und lief zu dem Baum. „Lass uns den Boden um den Baum herum untersuchen."

Mit den Händen schaufelten sie das Laub beiseite und entdeckten schließlich eine kleine, verborgene Truhe. Lilly und Jonas öffneten die Truhe vorsichtig, und darin fanden sie eine alte Uhr und eine Notiz.

„Was steht auf der Notiz?" fragte Jonas.

Lilly las die Notiz laut vor: „Die Zeit wird zurückgedreht, wenn der Mond am höchsten steht. Die wahre Magie liegt in der Nacht."

„Das klingt nach einem Rätsel", sagte Jonas. „Aber was sollen wir tun?"

„Vielleicht müssen wir die Uhr auf die richtige Zeit einstellen", schlug Lilly vor. „Es steht, dass die Zeit zurückgedreht wird, wenn der Mond am höchsten steht. Wir sollten also den Mond beobachten."

Die beiden Freunde warteten, bis der Mond hoch am Himmel stand. Lilly stellte die Uhr auf Mitternacht, und plötzlich begann die Truhe zu leuchten. Ein geheimnisvolles Licht erhellte den Garten.

„Das ist unglaublich!" rief Jonas. „Was passiert hier?"

Die Eiche begann zu leuchten, und ein geheimnisvoller Weg erschien, der in den Wald führte. Lilly und Jonas folgten dem Weg und kamen bald zu einer Lichtung, auf der ein wunderschöner, alter Baum stand. Der Baum war mit leuchtenden Kürbissen geschmückt und sah aus wie ein Märchenbaum.

„Das ist wirklich magisch", flüsterte Lilly. „Was meinst du, sollen wir näher herangehen?"

„Ja, lass uns sehen, was sich dahinter verbirgt", antwortete Jonas.

Als sie näher kamen, sahen sie einen kleinen alten Mann in einem bunten Mantel, der vor dem Baum stand. „Willkommen", sagte der Mann mit einem Lächeln. „Ich bin der Hüter dieses magischen Ortes. Ihr habt den Weg gefunden, weil ihr mutig und neugierig seid."

„Wer sind Sie?" fragte Lilly.

„Ich bin der Wächter der Halloween-Magie", erklärte der Mann.
„Dieses Jahr gibt es eine besondere Aufgabe für euch. Ihr müsst
drei magische Objekte finden, um das Geheimnis des Baumes zu
lüften."

„Was sind diese Objekte?" fragte Jonas.

„Das erste Objekt ist ein leuchtender Stern, der in der Nähe des
Flusses versteckt ist", sagte der Mann. „Das zweite Objekt ist ein
silberner Schlüssel, der in einem alten Brunnen liegt. Das dritte
Objekt ist ein magisches Amulett, das im Herzen des Waldes
verborgen ist."

Lilly und Jonas machten sich sofort auf den Weg zum Fluss. Sie
suchten lange, aber schließlich entdeckten sie den leuchtenden
Stern, der auf einem kleinen Stein ruhte. Lilly nahm ihn
vorsichtig an sich und steckte ihn in ihre Tasche.

Als nächstes gingen sie zum alten Brunnen. Der Schlüssel lag auf
dem Boden des Brunnens, und Lilly konnte ihn nur erreichen,
indem sie ihre Hand tief ins Wasser tauchte.

Schließlich machten sie sich auf den Weg in den Herzen des
Waldes, wo sie nach dem magischen Amulett suchten. Es war ein
langer Weg, und sie mussten viele Hindernisse überwinden, aber
schließlich fanden sie das Amulett in einer versteckten Höhle.

„Wir haben alles gefunden!" rief Lilly, als sie zurück zur Lichtung
kamen.

Der alte Mann lächelte und nahm die drei Objekte entgegen.
„Ihr habt die Aufgabe hervorragend erfüllt. Nun werdet ihr das
wahre Geheimnis des Baumes erfahren."

Der Baum begann zu strahlen, und die Äste bewegten sich sanft im Wind. Plötzlich öffnete sich eine geheime Tür im Baum, und dahinter lag ein wunderschöner Garten, der in den Farben des Herbstes leuchtete. In der Mitte des Gartens stand ein großer Tisch, der mit den köstlichsten Halloween-Leckereien gedeckt war.

„Das ist das wahre Geheimnis des Baumes", erklärte der alte Mann. „Jedes Jahr kommen mutige Kinder wie ihr hierher, um die Magie von Halloween zu erleben. Ihr habt bewiesen, dass ihr an die Magie glaubt und sie zu schätzen wisst."

Lilly und Jonas freuten sich riesig. Sie verbrachten den Rest der Nacht im Garten, aßen die Leckereien und erzählten sich Geschichten von ihren Abenteuern. Der alte Mann verabschiedete sich mit einem Lächeln, und als die ersten Sonnenstrahlen des Morgens durch den Wald schienen, machten sich Lilly und Jonas auf den Heimweg.

„Das war das beste Halloween-Abenteuer überhaupt!" sagte Lilly strahlend.

„Ja, es war unglaublich", stimmte Jonas zu. „Ich werde diesen Abend nie vergessen."

Als sie nach Hause kamen, erzählten sie ihren Familien von ihrem Abenteuer. Alle hörten fasziniert zu, und Lillys Mutter meinte lächelnd: „Es scheint, als hättet ihr eine wirklich magische Nacht erlebt."

Von diesem Tag an wussten Lilly und Jonas, dass Halloween mehr war als nur Kürbisse und Kostüme. Es war eine Zeit für

Abenteuer, Magie und unvergessliche Erlebnisse. Und sie wussten, dass sie immer an die Magie glauben würden, die in den geheimnisvollen Nächten von Halloween verborgen liegt.

Lilly and the Halloween Secret

It was the last day of October, and in the small town of Oakwood, Halloween was in full swing. The streets were adorned with glowing pumpkins in the windows, and children roamed in imaginative costumes. The air was crisp, scented with fresh leaves and baked pumpkin.

Lilly, a curious girl with red pigtails and a bright smile, was very excited. This year, she wanted to have a special Halloween adventure. Her best friend Jonas, dressed as a pirate, accompanied her. Together they stood in front of the large, old house at the end of the street, which had been empty for a long time and was only viewed from a safe distance by the town's children.

"Do you see that, Lilly?" Jonas asked, pointing to the abandoned house. "The adults say it's haunted. Maybe we can find out if it's really true!"

Lilly giggled. "That sounds like an exciting adventure! But first, we should have a snack. I brought some muffins that my mom baked."

They sat on the steps in front of the old house and ate their muffins. While they ate, Jonas told stories of ghosts and treasure maps hidden in secret chambers.

"I've heard that there's a secret hidden in this house," Lilly said thoughtfully. "Maybe there's a hidden treasure or a secret message that only becomes visible on Halloween."

"That would be really cool!" Jonas agreed. "But how do we get into the house? The door looks pretty tightly locked."

Lilly looked around and spotted a small key lying on the ground near the door. "Look, Jonas, what I found!"

"Where do you think this key came from?" Jonas asked, astonished.

"Maybe it's a clue," Lilly said, putting the key in her pocket. "Let's find out what it opens."

With pounding hearts, they approached the old door. Lilly inserted the key into the lock and turned it slowly. The lock clicked quietly, and the door creaked open.

"Wow, it smells really old and dusty in here," Jonas remarked as they entered the house.

The inside of the house was just as they had imagined – dusty furniture, old pictures on the walls, and a large, dusty chandelier hanging from the ceiling. On a table lay an old book with a golden cover.

"Look at that," Lilly said, pointing to the book. "Maybe this is another secret."

She opened the book and found a map and some mysterious notes. The map depicted the house, with a red cross marking a specific spot in the garden.

"That looks like a treasure map," Jonas said excitedly. "What do you think, should we search for the spot marked on the map?"

"Of course," Lilly replied determinedly. "That could be the key to the secret."

They left the house and headed to the garden, which was covered in leaves. The map led them to an old oak tree at the edge of the garden.

"This must be the oak," Lilly said, running to the tree. "Let's search the ground around the tree."

With their hands, they cleared away the leaves and eventually discovered a small, hidden chest. Lilly and Jonas carefully opened the chest and found an old clock and a note.

"What does the note say?" Jonas asked.

Lilly read the note aloud: "'Time will turn back when the moon is at its highest. The true magic lies in the night.'"

"That sounds like a riddle," Jonas said. "But what should we do?"

"Maybe we need to set the clock to the right time," Lilly suggested. "It says that time will turn back when the moon is at its highest. So we should watch the moon."

The two friends waited until the moon was high in the sky. Lilly set the clock to midnight, and suddenly the chest began to glow. A mysterious light illuminated the garden.

"This is incredible!" Jonas exclaimed. "What's happening?"

The oak tree began to glow, and a mysterious path appeared leading into the forest. Lilly and Jonas followed the path and soon arrived at a clearing where a beautiful, old tree stood. The tree was decorated with glowing pumpkins and looked like something out of a fairy tale.

"This is truly magical," Lilly whispered. "What do you think, should we go closer?"

"Yes, let's see what's behind it," Jonas replied.

As they approached, they saw a small old man in a colorful cloak standing in front of the tree. "Welcome," the man said with a smile. "I am the guardian of this magical place. You have found the way because you are brave and curious."

"Who are you?" Lilly asked.

"I am the Keeper of Halloween Magic," the man explained. "This year, there is a special task for you. You must find three magical objects to unlock the secret of the tree."

"What are these objects?" Jonas asked.

"The first object is a glowing star hidden near the river," the man said. "The second object is a silver key lying in an old well. The third object is a magical amulet hidden in the heart of the forest."

Lilly and Jonas immediately set off for the river. They searched for a long time but finally discovered the glowing star resting on a small stone. Lilly carefully picked it up and put it in her pocket.

Next, they went to the old well. The key was at the bottom of the well, and Lilly could only reach it by dipping her hand deep into the water.

Finally, they ventured into the heart of the forest, where they searched for the magical amulet. It was a long journey, and they had to overcome many obstacles, but eventually, they found the amulet in a hidden cave.

"We found everything!" Lilly cried as they returned to the clearing.

The old man smiled and took the three objects. "You have completed the task excellently. Now you will learn the true secret of the tree."

The tree began to shine, and its branches moved gently in the wind. Suddenly, a secret door in the tree opened, revealing a beautiful garden glowing with autumn colors. In the middle of the garden stood a large table set with the most delicious Halloween treats.

"This is the true secret of the tree," the old man explained. "Every year, brave children like you come here to experience the magic of Halloween. You have proven that you believe in magic and appreciate it."

Lilly and Jonas were overjoyed. They spent the rest of the night in the garden, eating the treats and sharing stories about their adventure. The old man bade them farewell with a smile, and as the first rays of dawn shone through the forest, Lilly and Jonas made their way home.

"That was the best Halloween adventure ever!" Lilly beamed.

"Yes, it was incredible," Jonas agreed. "I'll never forget this evening."

When they got home, they told their families about their adventure. Everyone listened fascinated, and Lilly's mother smiled and said, "It seems you had a truly magical night."

From that day on, Lilly and Jonas knew that Halloween was more than just pumpkins and costumes. It was a time for adventures, magic, and unforgettable experiences. And they knew they would always believe in the magic hidden in the mysterious nights of Halloween.

9 798222 767786 0